BEI GRIN MACHT SICH IHR WISSEN BEZAHLT

Bibliografische Information der Deutschen Nationalbibliothek:

Die Deutsche Bibliothek verzeichnet diese Publikation in der Deutschen National-
bibliografie; detaillierte bibliografische Daten sind im Internet über http://dnb.d-
nb.de/ abrufbar.

Impressum:

Copyright © 2019 GRIN Verlag
Druck und Bindung: Books on Demand GmbH, Norderstedt Germany
ISBN: 9783346083500

Dieses Buch bei GRIN:

https://www.grin.com/document/508720

Nele Lisann Schubert

Konzepte und Strategien der individuellen Gesundheitsförderung

Entwicklung einer Präventionsmaßnahme in Form eines Kursprogramms zur Vermeidung und Reduktion von Übergewicht

GRIN Verlag

Deutsche Hochschule für
Prävention und Gesundheitsmanagement
Hermann Neuberger Sportschule 3
66123 Saarbrücken

Bitte Zutreffendes ankreuzen:

_X_ Hausarbeit

— Skript

Name, Vorname:	**Schubert, Nele Lisann**
Modul:	**Konzepte und Strategien der individuellen Gesundheitsförderung**
Studiengang:	**Gesundheitsmanagement**
Datum Präsenzphase:	**25.02.2019 – 27.02.2019**
Studienort:	**Hamburg**
Aufgabe:	**Entwicklung einer Präventionsmaßnahme in Form eines Kursprogramms in einem der prioritären Handlungsfelder Bewegungsgewohnheiten, Ernährung oder Stressmanagement gemäß den im „Leitfaden Prävention" (Fassung vom 9. Januar 2018) definierten Qualitätskriterien**

Inhaltsverzeichnis

1 Grundlegende Informationen zur Präventionsmaßnahme

1.1 Bezeichnung des Kursangebots

Der Name des Kursprogramms lautet „Schritt für Schritt machst du dich fit - leichter im Alltag". Übergewicht bzw. Adipositas wird definiert als eine über das Normalmaß hinausgehende Vermehrung des Körperfetts. Die Prävalenz von Übergewicht und Adipositas hat in Deutschland in den vergangenen drei Jahrzehnten deutlich zu genommen (König, 2017). Bei dem Kursprogramm handelt es sich um ein ganzheitlich konzipiertes Gesundheitsprogramm, welches als Zielgruppe berufstätige Männer und Frauen im Alter von 40-60 Jahren ohne jegliche behandlungsbedürftige Erkrankungen mit einem bewegungsarmen Alltag und der Tenzdenz zu Übergewicht anvisiert. Das Programm soll eine Primärprävention darstellen um das Risiko an zahlreichen durch Adipositas und Übergewicht bedingten Krankheiten, insbesondere des Herz-Kreislauf-Systems, des Stoffwechsels , des Muskel- und Skelett-Systems sowie an zahlreichen Krebserkrankungen zu senken (Deutsche Adipositas-Gesellschaft, 2014). Schwerpunktmäßig werden im Rahmen des Kursprogramms die richtige Ernährung und das nötige Bewegungsverhalten thematisiert. Die Thematik Bewegungsverhalten beschäftigt sich nicht nur mit ausreichend Bewegung im Alltag, auch ein Grundlagenausdauertraining und ein moderates Krafttraining soll den Teilnehmern näher gebracht werden. Bei der Auswahl des Titel wurde auf eine direkte, unmissverständliche, einladende Ansprache der Zielgruppe ohne Verwendung vom Fremdworten oder Fachtermini geachtet.

1.2 Handlungsfeld und Präventionsprinzip

Das Kursprogramm wird dem Handlungsfeld Ernährung zugeordnet und folgt dem Präventionsprinzip „Vermeidung und Reduktion von Übergewicht", da es sich primär damit beschäftigt den Teilnehmern durch verscheidene Interventionsansätze zu zeigen, wie sie ihr Übergewicht reduzieren oder einem erhöhten BMI umgehen können. Demnach folgt das Kursprogramm einem weiteren Präventionsprinzip „Vorbeugung und Reduzierung spezieller gesund-

heitlicher Risiken durch geeignete verhaltens – und gesundheitsorientierte Bewegungspro-
gramme" (Gesetzliche Krankenversicherung Spitzenverband, 2018, S. 50).

1.3 Bedarf

1.3.1 Epidemiologische Daten zur Prävalenz/Indizien des Gesundheitsproblems

Tab. 1: Prävalenz (Verbreitung von Übergewicht/Adipositas) (eigene Darstellung, 2019)

Prävalenz (Verbreitung von Übergewicht/Adipositas)
Derzeit liegt der Anteil der erwachsenen Bevölkerung die, die Minimalbeanspruchung durch körperliche Aktivität (ca. zweieinhalb Stunden wöchentich mit mäßig anstrengender Intensität) nach der WHO erreichen, bei 10-20% (Gesetzliche Krankenversicherung Spitzenverband, 2018. S. 60).
Im Zuge der steigenden Prävalenz von Adipositas in der Bevölkerung und der damit einhergehenden Zunahme chronischer Erkrankungen werden präventive Ansätze in der Hausarztpraxis immer wichtiger (Heintze, Metz, Dietrich, Schwantes & Wiesner, 2008, S. 289).
Weltweit sind aktuell mehr Menschen über- als untergewichtig (21% versus 15%). In Deutschland waren nach Angaben des Robert-Koch-Institutes im Jahre 2010 67% aller Männer uber 15 Jahren übergewichtig (23%) oder adipös (44%) sowie 53% aller Frauen (23% übergewichtig , 30% adipös). Deutschland liegt damit mit Großbritannien und Griechenland europaweit an der Spitze (Völker, 2018).
Nach aktuellen Ergebnissen sind 75% der Männer und 59% der Frauen in Deutshland im Alter von 25 und 69 Jahren übergewichtig und/oder adipös. Die Prävalenz der körperlichen Inaktivität in der deutschen Gesamtbevölkerung liegt bei ca. 30% und nur 13% der gesamten Bevölkerung bewegen sich so viel, dass darüber ein präventiver Effekt erreicht wird (König, Bönner & Berg, 2007).

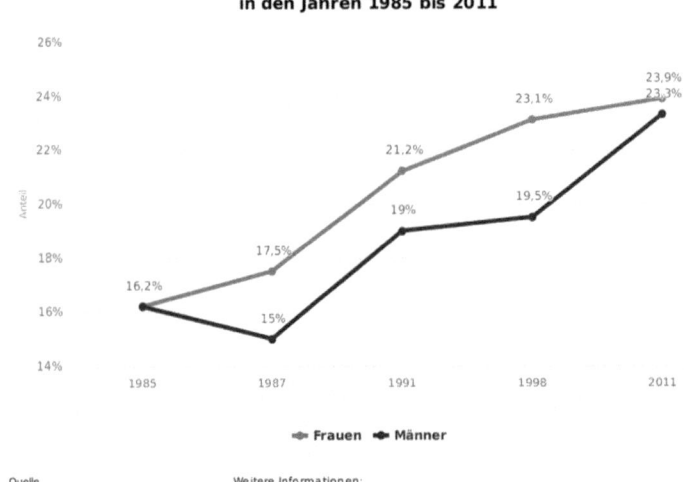

Prävalenz von Adipositas* (BMI ≥ 30) in Deutschland nach Geschlecht in den Jahren 1985 bis 2011

Abb. 1: Prävalenz von Adipositas* (BMI > 30) in Deutschland nach Geschlecht in den Jahren 1985 bis 2011 (Statista, 2016)

1.3.2 Mögliche Ursachen und Risikofaktoren des Gesundheitsproblems

Tab. 2: Mögliche Ursachen und Risikofaktoren des Gesundheitsproblems (eigene Darstellung, 2019)

Der Risikofaktor Übergewicht gilt als schwer beeinflussbar und Hausärzte schätzen die Wirkung ihrer Beratungsgespräche eher gering ein (Heintze, Metz, Dietrich, Schwantes & Wiesner, 2008, S.289).
Hauptursachen für Übergewicht und Adipositas sind also ungesundes und vor allem zu reichliches Essen und Bewegungsmangel (Völker, 2018).
Ursachen der Adipositas (modifiziert nach Berg et al. 2011) • Lebensstil (z.B Bewegungsmangel, Fehlernährung) • Niedriger Sozialstatus

- Esstörungen
- Familiäre Disposition, genetische Ursachen
- Ständige Verfügbarkeit von Nahrung
- Schlafmangel
- Depressive Erkrankungen
- Endokrine Erkrankungen
- Medikamente
- Andere Ursachen (z.B Immobilisierung, Schwangerschaft, Nikotinverzicht)

1.3.3 Mögliche Auswirkungen des Gesundheitsproblems

Tab. 3: Mögliche Auswirkungen des Gesundheitsproblems (eigene Darstellung, 2019)

Individuelle Gesundheits- und Erkrankungsrisiken
Adipositas und Bewegungsmangel sind mit einer deutlich erhöhten Prävalenz von Hypertonie, Diabetel mellitus Typ und Dyslipoproteinämie assoziert. Untersuchungen haben insbesondere bei Vorliegen eines Body-Mass-Index $>30\text{kg/m}^2$ eine deutliche Erhöhung des Risikos für kardiovaskuläre Erkrankungen (bis zu 50%) nachgewiesen (König, Bönner & Berg, 2007).
Durch Übergewicht und Adipositas erhöht sich das Risiko für zahlreiche Krankheiten, insbesondere des Herz-Kreislauf-Systems, des Stoffwechsels, des Muskel- und Skelett-Systems sowie für bestimmte Krebserkrankungen (Deutsche Adipositas-Gesellschaft, 2014).
Die negativen Folgen sind für die Lebensqualität, für die Volksgesundheit sowie für die Ökonomie gravierend. Bewegungsmangel und damit verbunden niedrige kardiorespiratorische und muskuläre Fitness sind zentrale Risikofaktoren für unsere Gesundheit und die Entstehung von Herz-Kreislauf-, Stoffwechsel- sowie Muskel-Skelett-Erkrankungen und den Verlust an Selbstständigkeit im Alter (Gesetzliche Krankenversicherung Spitzenverband, 2018. S. 60).

Kosten für Gesundheitssystem und Volkswirtschaft

Die Gesundheitsausgaben steigen seit Jahren an, dies nicht nur in Deutschland, sondern auch in den meisten vergleichbaren Industriestaaten (Bäcker, Bispnick, Hofemann und Naegele, 2000).

Während sich Personen mit moderater Adipositas in ihren direkten medizinischen Kosten im Mittel statistisch nicht signifikant von Normalgewichtigen bzw. Präadipösen unterschieden (1 080,14 € vs. 847,60 € bzw. 830,59 €; für Versorgungsnutzer: 1 215,55 € vs. 993,18 € bzw. 1 003,23 € [alle Werte adjustiert und per annum]), ergaben sich für Personen mit starker Adipositas deutlich erhöhte Kosten (2 572,19 €; Versorgungsnutzer: 2 964,87 €) (von Lengerke, Reitmeir, John, 2006).

Zu den langfristigen gesundheitsökonomischen Konsequenzen gehören daher u. a. medizinische Versorgungskosten für Begleit- und Folgeerkrankungen sowie Kosten aufgrund von Arbeitsausfällen und Krankheitstagen im Erwachsenenalter. Insgesamt verursacht Adipositas somit eine erhebliche Krankheitslast, die vor dem Hintergrund finanziell begrenzter Ressourcen auch aus gesundheitsökonomischer Sicht von hoher Bedeutung ist (Sonntag, Schneider, 2015).

1.4 Wirksamkeit

Im folgenden wird eine Studie vorgestellt, die als Wirksamkeitsnachweis für die geplante Präventionsmaßnahme dient, in der die Effektivität der Beratung als Interventionsmaßnahme bei Adipositas und Übergewicht dargestellt wird. Maßnahmen, die sowohl Module zu einem bedarfsgerechten, gesundheitsfördernden Ernährungsverhalten als auch zu körperlicher Bewegung beinhalten, können eine nachhaltige Senkung des Körpergewichts bewirken (Ferner & Schacky, 2008).

Tab. 4: Wirksamkeitsnachweis der geplanten Präventionsmaßnahme (eigene Darstellung, modifiziert nach Schweiger, 2015)

Autor:	Prof. Dr. med. Ulrich Schweiger
Publikationsjahr:	2015
Titel:	Ist Beratung eine sinnvolle Interventionsmaßnahme bei Übergewicht und Adipositas?
Zielsetzung/Fragestellung:	Systematische Übersichtsarbeit zur Wirksamkeit von Beratung bei übergewichtigen und adipösen Patienten in der allgemeinärztlichen Versorgung.
Methodik:	<ul><li>Randomisierte, kontrollierte Studie zwischen 1980 – 2014</li><li>Patienten mit Übergewicht oder Adipositas, die mindestens drei Monate mit einer Behandlungsintervention zu Sport, Ernährung und Sport behandelt wurden</li><li>Nachbeobachtungzeit von 6 Monaten</li><li>Mindestgruppengröße von 15 Personen pro Behandlung</li><li>Objektive Gewichtsbestimmung</li><li>Vorhandensein einer Vergleichgruppe</li><li>Intention-to-treat-Analyse</li></ul>
Ergebnisse:	Imsgesamt wurden in den Jahren zwischen 1980 und 2014 3.893 Teilnehmer durch 12 Studien identifiziert. Anfangs lag der Mittelwert des Body-Mass-Index zwischen 32 und 39 kg/

	In 6 Monaten verzeichnete die Vergleichsgruppe Werte einer Zunahme von 0,9kg sowie einer Abnahme von 2,0kg. In der Gruppe in der die Interventionsmaßnahme durchgeführt wurde, wurden Werte einer Abnahme zwischen 0,3kg bis zu 6,6kg erreicht. Programme die Vorgaben zu Ernährung und körperlicher Aktivität mit in das Verhaltensmanagementprogramm einbauten, waren deutlich erfolgreicher, als Programme, die diese Faktoren unberücksichtigt ließen.
Schlussfolgerung:	Anhand der oben aufgezeigten Ergebnisse lässt sich schlussfolgern, das Beratung zu einem relevanten Gewichtsverlust führen kann.

1.5 Zielgruppe

Die folgende Tabelle stellt die Zielgruppe da, welche durch die geplanten Präventionsmaßnahme angesprochen werden soll.

Tab. 5: Definition der Zielgruppe (eigene Darstellung, 2019)

Sozialdemografische Merkmale (Geschlecht, Alter)	• Männer und Frauen • im Alter von 40-60 Jahren
Sozialstatus (Bildungsgrad/Schulabschluss, berufliche Stellung)	• berufstätig • Menschen mit niedrigem bis mittlerem Bildungsgrad (Bewusstsein für das Gesundheitsproblem hier oft am geringsten)

	• Personen die der deutschen Sprache mächtig sind
Gesundheitsrisiken/-belastungen	• Personen die eine primär sitzende Tätigkeit haben
	• Personen die eine Tendenz zu Übergewicht, Adipositas, Bluthockdruck etc. aufweisen
	• Personen mit einem unausgewogenen Ernährungsverhalten
Kontraindikationen	• Sekundäre undsyndromale Adipositasformen
	• Psychatrische Grunderkrankungen/Essstörungen
	• Einsatz von Medikamenten zur Gewichtsabnahme
	• Personen die unter behandlungsbedürftigen Krankheiten leiden

1.6 Ziele der Maßnahme

Die geplante Präventationsmaßnahme beschäftigt sich im wesentlichen mit drei Kernzielen, welche sich im Grunde alle gegenseitig beeinflussen. Diese werden im weiteren Verlauf der Aufgabe genauer erläutert.

1.6.1 Gewichtsreduktion

Basierend auf der Kombination aus körperlicher Aktivität und gesunder Ernährung, die im Verlauf des Kursprgrammes den Probanden näher gebracht wird, soll eine angemessene Gewichtsreduktion und –stabilisation stattfinden (Gesetzliche Krankenversicherung Spitzenverband, 2018, S. 72).

1.6.2 Bindung an sportliche Aktivität

Durch die zeitliche Begrenzung der Präventionsmaßnahme wird durch das Kursprogramm lediglich eine Verhaltensveränderung initiiert, eine nachhaltige Wirksamkeit kann nur durch eine regelmäßige, lebensbegleitende Maßnahme erzielt werden. Mit der geplanten Interventionsmaßnahme soll den Probanden ein gesundheitsförderndes Ernährungs- und Bewegungsverhalten näher gebracht werden. Zur Verbesserung des Gesundheitsverhaltens gehören sowohl der Aufbau einer Bindung an gesundheitssportliche Aktivitäten, sowie eine Verbesserung der Bewegungsverhältnisse (Gesetzliche Krankenversicherung Spitzenverband, 2018, S. 61).

1.6.3 Reduktion von Bewegungsmangel

Die Reduktion von Bewegungsmangel wird angestrebt, da die Folgen die psychische sowie physische Geunsheit stark beeinträchtigen können und somit als zentraler Risikofaktor angesehen wird (Bös & Brehm, 2006). Die Lebensqualität und die Selbstständigkeit im Alter wird stark gemindert. Bewegungsmangel verursacht eine niedrige kardiorespiratorische und muskuläre Fitness, wodurch die Wahrscheinlichkeit an Herz-Kreislauf-, Stoffwechsel-, sowie Muskel-Skelett-Erkrankungen zu erkranken, erheblich gesteigert wird. Ein Trainingseinheit von mindestens zweieinhalb Stunden pro Woche mit moderater Intensität gilt als zentraler Schutzfaktor für die Gesundheit (Banzer & Bös, 2006).

2 Inhaltlich-organisatorische Grobplanung des Kursprogramms

Das Kursprogramm beschäftigt sich mit einer Kombination aus Informationen zum Thema Ernährung und sportlicher Aktivität um Adipositas/Übergewicht und mögliche folge Krankheiten zu vermeiden. Den Probanden sollen demnach beide Aspekte näher gebracht werden um eine langfristige Gewichtsabnahme zu erreichen. Laut der Cochrane Collaboration ist die genau diese Kombination aus vermehrter körperlicher Aktivität und Ernährungsbedingungen die erfolgreichste Methode (Banzer, 2017, S. 194).

Ziel ist es die Personen an ein regelmäßiges Kraft- und Ausdauertraining zu gewöhnen um gesundheitliche Risiken vorzubeugen. Aus regelmäßigem körperlichen Training resultieren positive Veränderungen der Muskelfaserzusammensetzung, Kapilarisierung und Belastbarkeit der Muskulatur. Gestartet wird meist mit moderaten Intensitäten im Bereich der aeroben Schwelle, damit eine Umstellung des Stoffwechselprofils und die Reduktion von matabolischen Risikofaktoren erreicht wird (Banzer, 2017, S. 193).

Da nicht nur Bewegungsarmut, sondern auch die Ernährungsgewohnheiten eine wichtige Rolle spielen in unserer Gesellschaft spielen, bildet dieses Thema den zweiten Schwerpunkt der Interventionsmaßnahme. Da primär ein ungesundes, unausgewogenes und übermäßiges Ernährungsverhalten zu einer erhöhten Kalorienbilanz führt, aus welcher langfristig Übergewicht resultiert, ist das Ziel der Interventionsmaßnahme, die Probanden mit einem gesunden Ernährungsverhalten vertraut zumachen. Gestartet wird mit einer Analyse des aktuellen Ernährungsverhaltens um anschließend zusammen mit den Probanden Methoden zu entwickeln dieses Ernährungsverhalten langfristig zu verbessern. Dabei helfen sollen aktive Praxisstunden, in denen die Teilnehmer selbst einkaufen und kochen. Als drittes Ziel wird die Vermittlung von Körpergefühl, sowie positiven Bewegungserlebnissen angestrebt, um langfristig Motivation zu schaffen, die kommunizierten und erlernten Inhalte langfristig umzusetzen.

Tab. 6: Inhaltlich-organisatorische Grobplanung des Kursprogramms (eigene Darstellung, 2019)

Inhaltlich-organisatorische Grobplanung des Kursprogramms	

Kursinhalte:	• Zusammenhang zwischen Bewegung & Ernährung deutlich machen
	• Motivationale und volitionale Intervention
	   o Risikowahrnehmung
	   o Selbstwirksamkeitserwartung
	• Aufbau von Handlungs- und Effektwissen zur Wir-

	kung der körperlichen Aktivität, damit dieses auch im Alltag eigenständig integriert und umgesetzt werden kann • Eingangstest: Erfassung des aktuellen Ernährungsverhaltens (Erkennen und Verändern von situationsabhängigem Essverhalten) • Gewichtsreduktion und Stabilisation • Verbesserung der Ausdauer- und Kraftleistungsfähigkeit– Schwerpunkt: Ausdauer- und Krafttraining • Motivation und Anleitung zur vermehrten Alltagsbewegung • Vermittlung von Körpererfahrung und positiven Bewegungserlebnissen • Veränderung des Ernährungsverhaltens nach den 10 Regeln der DGE • Verbesserung des Koch- und Einkaufsverhaltens • Bewusstsein für Nahrung, Nährwerte und Kalorienbilanzen schaffen
Kursdauer:	10 Wochen
Kurseinheiten:	1x 60 Minuten pro Woche (Ausnahme Koch-Einheit + Einkaufs- Einheit: 120 Minuten)

Zeitaufteilung Information/Praxis:	Bei Einheiten mit Schwerpunkt Ernährung:
	 • 30-40 Minuten Theorie (Ernährungsplan zusammen stellen, Information über Lebensmittel)
	 • 20-30 Minuten Praxis
	 • Ausnahmeeinheiten mit je 90 Minuten
	   o Theorie ca. 10 Minuten
	   o Praxis ca. 80 Minuten
	
	 Bei Einheiten über Training:
	 • 10-20 Minuten Theorie (Begrüßung, Verabschiedung, Informationen, Hausaufgaben)
	 • 40-50 Minuten Praxis (Durchführung der Trainingseinheiten)

Teilnehmerzahl:	Max. 10-12 Teilnehmer

Benötigte Ressourcen:	<ul><li>nach Teilnehmerzahl Kursraum mit 60-80qm</li><li>Räumlichkeit mit einer Küche (Studio Bistro)</li><li>Möglichkeit einen umliegenden Supermarkt zu besuchen</li><li>Teilnehmerunterlagen, Anwesenheitsliste, Informationsblätter, Testbögen</li><li>Flipchart, Stühle, Stifte, Papier</li><li>Musikanlage mit AUX Anschluss</li><li>I Pads</li><li>Gymnastikmatte, Gewichte mit verschiedenem Gewicht, Steps, Bälle in verschiedenen Größen/Gewicht, Therabänder, Kurzhanteln</li></ul>
Kursleiter:	Für den Themenschwerpunkt „Ernährung" kommen Fachkräfte mit einem staatlich anerkannten Berufs- oder Studienabschluss im Bereich Ernährung in Betracht:<ul><li>Diätassistent/in</li><li>Ernährungswissenschaftler</li><li>Ernährungs- und Hygienetechnik, Schwerpunkt „Ernährungstechnik" , Ernährung und Versorgungsmanagement „Ernährung"</li><li>Ärztin/Arzt mit Fortbildung gemäß dem Curriculum Ernährungsmedizin</li></ul>Für den Themenschwerpunkt „Bewegungsprogramme" kommen Fachkräft mit einem staatlich anerkannten Berufs- oder Studienabschluss im Bereich Bewegung in Betracht:<ul><li>Sportwissenschaftler</li><li>Krankengymnast/in, Physiotherapeut/in</li><li>Sport- und Gymnastiklehrer/in</li><li>Ärztin/Arzt</li></ul>
Kursanbieter:	„Elan Fitness, Wellness und Spa" ist einFitness und Gesundheitszentrum im Premium Segment

3 Inhaltlich-methodische Detailplanung des Kursprogramms

Tab. 7: Inhaltlich-methodische Detailplanung des Kursprogramms (eigene Darstellung, 2019)

bh	Kurseinheit	Hauptthema KE	Lernziele	Lerninhalte	Umsetzungsaspekte
1	KE 1	Erläuterung des Zusammenhangs zwischen Ernährungs- und Bewegungsverhalten	-Erläuterung des Schwerpunkts Ernährung und körperliche Aktivität, sowie Aufklärung über mögliche gesundheitlichen Risiken. Notwendigkeit und Selbstwirksamkeit von gesunder Ernährung und sportlicher Aktivität erkennen.	Theorie: • Begrüßung und Vorstellung von Kursleiter, -ablauf & -struktur • Infoteil: Vermittlung der Notwendigkeit des lebenslangen, regelmäßigen Trainings Praxisteil: • Durchführung des Harvard Step Tests • Erhebung Eingangsgewicht	**Orga-formen:** - Vermittlung des theoretischen Teils durch den Kursleiter. - Harvard Step Test angeleitet durch den Kursleiter, Ausführung von den Kursteilnehmern - Eingangsgewicht jedes Teilnehmers gemessen durch den Kursleiter **Medien:** Gewichtsprotokoll, Testergebnisse Harvard Step Test **Hilfsmittel:** Stühle, Stifte, Klemmbrett, Flipchart, Personenwaage, Step

Woche	Kurseinheit	Hauptthema KE	Lernziele	Lerninhalte	Umsetzungsaspekte
2	KE 2	Einführung in das Thema gesunde und ausgewogene Ernährung	-Überblick über gesunde und ungesunde Lebensmittel schaffen - „5 am Tag-Regel" in den Alltag intigrieren - 10 Regeln der DGE	**Theorie:** • Begrüßung **Praktisch:** • Gruppenarbeit – die Gruppe sammelt Lebensmittel auf dem Flipchart und soll diese in „gesund" und „ungesund" einordnen. Besprechung der Ergebnisse • Ausfüllen eines Ernährungstagebuchs **Theorie:** • Die Ernährungspyramide wird vorgestellt • 10 Regeln der DGE • Das „5 am Tag Konzept" wird vorgestellt – anschließende Gesprächsrunde • „Wie führe ich ein Ernährungstagebuch?" • Hausaufgabe: 2 Wochen Ernährungstagebuch führen	**Orga-Form:** - Begrüßung und Vermittlung des theoretischen Teils durch den Kursleiter - Selbstständige praktische Durchführung: Ausfüllen eines Ernährungstagebuchs - Gruppenarbeit: Lebensmittel auf Flipchart + Präsentation **Medien:** Plakat Ernährungspyramiede, Ernährungstagebücher, Infoblatt über „5 am Tag" und die Ernährungspyramide **Hilfsmittel:** Flipchart, Stifte, Papier, Stühle

Woche	Kurseinheit	Hauptthema KE	Lernziele	Lerninhalte	Umsetzungsaspekte
3	KE 3	Individuelles Einkaufsverhalten	-Verhältnismäßige Mengen einkaufen -Ausgewogen einkaufen - Auf Nährwerte achten - Werbungsfallen umgehen	Praxis: • Begrüßung und gemeinsamer Gang zum Supermarkt • Teilnehmer gehen selbstständig einkaufen. Ziel: Eine Hälfte der Gruppe kauft Lebensmittel für einen Tag (gesund & ausgewogen), die andere Hälfte kauft das was sie spontan anspricht (Werbung) • Vergleich und individuelle Analyse des Eingekauften, Mengen beachten • Gemeinsamer Vergleich der Nährwerte (Zucker, Fett, etc.) • Umgang mit Werbung, Schulung um Werbungsfallen zu umgehen • Hausaufgabe: Nächsten Einkauf dokumentieren, Beleg mitbringen •	**Orga-Form:** - Begrüßung und durch den Kursleiter - Teilnehmer werden in 2 Gruppen eingeteilt und sollen selbstständig einkaufen - Analyse und Vergleich wird im Gruppengespäch durchgeführt (Gruppe 1 & Gruppe 2) - Schulung im Umgang mit Werbung durch den Kursleiter -Vergleich der Nährwärte im Gruppen Gespräch **Medien:** / **Hilfsmittel:** Geld, Wiederverwenbare Einkaufstüten
4	KE 4	Ernährungsverhalten analysieren	- Ernährungsverhalten strukturieren – Bewusstsein für ein optima-	Theorie: • Begrüßung und Besprechung der Hausaufgabe von KE 2 & KE 3	**Orga-Form:** - Begrüßung und Vermittlung von theoretischen Inhalten durch den

Woche	Kurseinheit	Hauptthema KE	Lernziele	Lerninhalte	Umsetzungsaspekte
			les Ernährungsverhalten schaffen - Lebensmittelvielfalt genießen	• Emotionaler Hunger – Präventionsmaßnahmen und Alternativen • Kalorienbilanz beachten, Tracking-Apps, Nährwerte beachten – nur ein Kaloriendefizit führt zur Abnahme! Praxis: • Selbstreflexion „Wann greife ich aus emotionalen Gründen zu Nahrung?" • Tracking Apps ausprobieren	Kursleiter - Gruppenarbeit: Selbstreflexion „In welchen Situationen esse ich ohne Hunger, aus Langerweile etc.?" **Medien:** I Pads, Infoblatt Tracking und Nährwerte **Hilfsmittel:** Flipchart, Stifte, Stühle, Papier,
5	KE 5	Gesund und ausgewogen kochen	- Zubereitung einer gesunden und ausgewogenen Mahlzeit (Vitamin und Nährstoffreich) - Schonende Zubereitung von Lebensmitteln - Ernährungsmythen aufdecken - Nahrung bewusst zu sich nehmen	Theorie: • Begrüßung • Prozessschritte planen • Ernährungsmythen aufdecken (keine KH nach 18:00, nur drei Mahlzeiten, gesund ist nicht gleich kalorienarm) • Schonende Zubereitung der Lebensmittel-> Richtiger Umgang mit Fett Praxis: • Ausgewogene Mahlzeit in der Gruppe zusammenstellen (Kohlenhydrathe, Eiweiß, Fette, Vitamine) • Verhältnismäßige Mengen kochen	**Orga-Form:** - Begrüßung und Vermittlung des theoretischen Inhalts durch den Kursleiter - Aufteilung in verschiedene Gruppen, die unterschiedliche Arbeitsschritte durchführen - Gemeinsames Essen, anschließende Gesprächsrunde **Medien:** Infoblatt zu Ernährungsmythen und Umgang mit Fett, Rezept **Hilfsmittel:** Küche, div. Küchen-

Woche	Kurseinheit	Hauptthema KE	Lernziele	Lerninhalte	Umsetzungsaspekte
				• Schonende Zubereitung der Lebensmittel • Bewusste Nahrungsaufnahme, langsam essen, auf das Essen konzentrieren	utensilien, Stühle, Tische, Papier, Stifte, Flipchart
6	KE 6	Aufbau von Handlungs- und Effektwissen zur Wirkung von körperlicher Aktivität	- Wichtigkeit und Unterschiede von Kraft- und Ausdauertraining bewusst machen -Motivation und positive Bewegungserlebnisse schaffen	Theorie: • Begrüßung • Unterschiede der Wirksamkeit zwischen Kraft- und Ausdauertraining thematisieren Praxis: • Gruppenarbeit: „Darum wollen wir uns mehr bewegen". Gründe sammeln und in der Gruppe vorstellen • Bewegungsspiel durchführen (Ballwurf Spiel) • Hausaufgabe: Bewegungsprotokoll für eine Woche führen	Orga-Form: -Begrüßung und Vermittlung der theoretischen Inhalte durch den Kursleiter - Gruppenarbeit: Gründe für Bewegung - Gruppenaufgabe: Bewegungsspiel Medien: Infoblatt zum Thema Kraft- & Ausdauertraining, Bewegungsprotokoll Hilfsmittel: Stühle, Papier, Stifte, Ball, Flipchart

Woche	Kurseinheit	Hauptthema KE	Lernziele	Lerninhalte	Umsetzungsaspekte
7	KE 7	Heranführung an das Thema Ausdauertraining	- Auswirkungen von regelmäßigem Ausdauertraining auf die Gesundheit - Durchführung eines gesundheitsförderlichen Ausdauerprogramms	**Theorie:** • Begrüßung und Kontrolle der Hausaufgaben • Gesundheitsförderliche Auswirkungen durch regelmäßiges Ausdauertraining • Verringerung von Risikofaktoren • Möglichkeiten und Dosierung des Ausdauertrainings **Praxis:** • Step Aerobic Kurseinheit (Ganzkörpertraining mit moderater Intensität) und Kurzhanteln • Hausaufgabe: Ausdauertraining in den Alltag einbauen und protokollieren	**Orga-Form:** - Begrüßung und Vermittlung der theoretischen Kursinhalte durch den Kursleiter - Durchführung der Trainingseinheit durch den Kursleiter zusammen mit den Probanden **Medien:** Musikanlage mit AUX-kabelanschluss, Informationsblatt zu Kursinhalten, Trainingsplanmöglichkeiten Ausdauertraining **Hilfsmittel:** Flipchart, Stühle, Stifte, Papier, Stepper, Kurzhanteln
Woche	Kurseinheit	Hauptthema KE	Lernziele	Lerninhalte	Umsetzungsaspekte
8	KE 8	Erstellung eines moderaten Krafttrainings	- Auswirkungen von regelmäßigem Krafttraining auf die Gesundheit - Durchführung eines gesundheitsförderlichen Krafttrainings	**Theorie:** • Begrüßung und Überprüfung der Hausaufgabe • Gesundheitsförderliche Auswirkungen durch regelmäßiges Krafttraining • Verringerung von Risikofaktoren • Möglichkeiten verschiedener Krafttrainingsvarianten • Dosierungsplan Krafttraining	**Orga-Form:** - Begrüßung und Vermittlung der theoretischen Kursinhalte durch den Kursleiter - Durchführung einer Krafttrainingseinheit angeleitet durch den Kursleiter mit den Probanden als Teilnehmern **Medien:** Infoblatt Krafttraining

21/29

Woche	Kurseinheit	Hauptthema KE	Lernziele	Lerninhalte	Umsetzungsaspekte
				Praxis: - Durchführung einer Krafttrainingseinheit mit Kleingeräten - Ganzkörpertraining mit Fokus auf Grundübungen (Kniebeuge, Knieliegestütz, Plank, Sit-ups, Ausfallschritte, Russian Twist, Kurzhantel-Rudern, Rückenstrecken im Liegen, Dips am Step) - Hausaufgabe: mind. 1x Krafttraining in der Woche zwischen KE 8 KE 9 durchführen und protokollieren	**Hilfsmittel:** Stühle, Flipchart, Stifte, Papier, Gymnastikmatte, Gewichte mit verschiedenem Gewicht, Steps, Bälle in verschiedenen Größen/Gewicht, Therabänder, Kurzhanteln
9	KE 9	Barrieremanagement	- Integration von gesunder Ernährung und Bewegung in den Alltag - Barrieren identifizieren und Gegenstrategien entwickeln	Theorie: - Begrüßung und Besprechung der Hausaufgabe - Motivation, Intention und Volition thematisieren Praxis: - Gruppenarbeit: Gruppe sammelt Gründe, die sie an der Umsetzung eines gesunden Ernährungs- und Bewegungsverhaltens hindern. Verhaltenspläne entwickeln um Barrieren zu überwinden - Hausaufgabe: Protokollierung der Barrieren im eigenen Alltag und Strategien anwenden	**Orga-Form:** Begrüßung und Vermittlung der theoretischen Inhalte durch den Kursleiter - Gruppenarbeit Barrieremanagement **Medien:** Infoblatt Barrieremanagement **Hilfsmittel:** Stühle, Flipchart, Stifte, Papier

Woche	Kurseinheit	Hauptthema KE	Lernziele	Lerninhalte	Umsetzungsaspekte
10	KE 10	Ernährung und Bewegung in meinem Alltag	-Bindung an sportliche Aktivität und gesunde Ernährung - Förderung Volition - Erfolgreiche Gewichtsreduktion	Theorie: - Begrüßung und Besprechung der Hausaufgabe - Zielstellung formulieren: Gesunder Lebensstil mit Veränderung der Freizeit, Ernährungs- und Entspannungsaktivitäten Praxis: -Gruppenarbeit: Gruppe formuliert gemeinam Ziele nach dem SMART-Prinzip - Gewichtsermittlung (Gewichtsprotokoll) - Gruppenarbeit: Reproduktion des Gelernten. Jeder stellt für sich seine „wichtigsten" Punkte vor	**Orga-Form:** - Begrüßung und Vermittlung theoretischer Inhalte durch den Kursleiter **Medien:** **Hilfsmittel:** Flipchart, Stühle, Stifte, Papier

23/29

4 Dokumentation und Evaluation des Kursprogramms

Tab. 8: Dokumentation und Evaluation des Kursprogramms (eigene Darstellung, 2019)

Übergeordnetes Kursziel	Messbares Interventionsziel	Zielindikator	Erhebungsmethode	Erhebungsinsztrument	Messzeitpunkte
Gewichtsreduktion	Gewichtsreduktion um 5% des Ausgangsgewichtes	Relativer Körpergewichtsverlust (%) (Gewichtsabnahme in kg/Ausgangsgewicht x 100)	Anthropometrie	Personen-Waage	t_0 = am 1. Tag des Kurses t_1 = am letzten Tag der Kurseinheit nach 10 Wochen
Reduktion von Bewegungsmangel	Steigerung der körperlichen Aktivität mit moderater Intensität auf mind. 150 Minuten pro Woche	Moderat-intensive körperliche Aktivität (3-6 MET) (Alltag & Sport) in min pro Woche	Standarisierte schriftliche Befragung	Freiburger Fragebogen zur körperlichen Aktivität	t_0 = am 1. Tag des Kurses t_1 = am letzter Tag der Kurseinheit nach 10 Wochen
Bindung an sportl. Aktivität	Steigerung der Gesamtaktivität (Bewegung in den Alltag integrieren) um 20% zum Ausgangswert	Moderat-intensive körperliche Aktivität (3-6 MET) (Alltag & Sport) in min pro Woche	Standarisierte schriftliche Befragung	Freiburger Fragebogen zur körperlichen Aktivität mit Zusatzfrage ob eine Mitgliedschaft im Fitnessstudio besteht	t_0 = am 1. Tag des Kurses t_1 = am letzten Tag des Kurses nach 10 Wochen t_2 = 12 Wochen nach Kursende

24/29

5   Literaturverzeichnis:

Banzer, W. & K. Bös (2006). *Aktivität und physische Gesundheit*. In: Bös, K. & W. Brehm (Hrsg.). Handbuch Gesundheitssport. Schorndorf: 82–102. Bouchard, C. (2001). Physical activity, and health: introduction to the dose-response symposium. Medicine & Science in Sports & Exercise, Jg. 33 (6) S. 347–350.

Bös, K. & W. Brehm (2006*). Gesundheitssport – Ein Handbuch*. Schorndorf. Hänsel, F (2007). Körperliche Aktivität und Gesundheit. In: Fuchs, R., W. Göhner & H. Seelig (Hrsg.) (2007). Aufbau eines körperlich-aktiven Lebensstils. Göttingen. 23–44. Moore, S.C. et al. (2012). Leisure Time Physical Activity of Moderate to Vigorous Intensity and Mortality: A Large Pooled Cohort Analysis. PLoS Medicine 9 (11).

Bäcker G., Bispinck R., Hofemann K., Naegele G. (2000). *Sozialpolitik im ökonomischen Prozess*. In: Sozialpolitik und soziale Lage in Deutschland. VS Verlag für Sozialwissenschaften, Wiesbaden

Deutsche Adipositas Gesellschaft (2014). *Interdisziplinäre Leitlinien der Qualität S3 zur „Prävention und Therapie der Adipositas"*. 2. Auflage (1. Aktualisierung, 2011-2014): Deutsche Adipositas-Gesellschaft (DAG) e.V., Deutsche Diabetes Gesellschaft (DDG), Deutsche Gesellschaft für Ernährung (DGE) e.V., Deutsche Gesellschaft für Ernährungsmedizin (DGEM) e.V. Zugriff am 10.04.2019. Verfügbar unter:
https://www.adipositas-
gesellschaft.de/fileadmin/PDF/Leitlinien/S3_Adipositas_Praevention_Therapie_2014.pdf

Frey, I., Berg, A., Grathwohl, D. & Keul, J. (1999). *Freiburger Fragebogen zur körperlichen Aktivität – Entwicklung, Prüfung und Anwendung*. Sozial- und Präventivmedi- zin SPM, 44 (2), 55-64. Berlin: Springer. Zugriff am 23.03.2019. Verfügbar unter:
https://link.springer.com/content/pdf/10.1007%2FBF01667127.pdf

GKV-Spitzenverband. (2017). *Leitfaden Prävention Handlungsfelder und Kriterien des GKV-Spitzenverbandes zur Umsetzung der §§ 20, 20a und 20b SGB V. Kapitel 5: Leistungen zur individuellen verhaltensbezogenen Prävention nach § 20 Abs. 4 Nr. 1 SGB V vom 21. Juni 2000 in der Fassung vom 27. November 2017 (Teilaktualisierung)*. Zugriff am 8.4.2019. Verfügbar unter: https://www.gkvspitzenverband.de/media/dokumente/presse/publikationen/Leitfaden_Prav ention_2018_barrierefrei.pdf

Heintze, C., Metz, U., Dieterich, A. et al. Präv Gesundheitsf (2008) 3: 289. *Ursachen von Übergewicht.* Springer, Berlin. Zugriff am 19.03.2019. Verfügbar unter: https://link.springer.com/article/10.1007%2Fs11553-008-0142-0

König, D., Bönner, G. & Berg, A. Herz (2007) 32: 553. *Bedeutung von Adipositas und-Bewegungsmangel in der kardiovaskulären Primärprävention.* Zugriff am 15.03.2019. Verfügbar unter: https://link.springer.com/article/10.1007%2Fs00059-007-3019-7

von Lengerke, T., Reitmeir, P. & John, J. (2006). *Direkte medizinische Kosten der (starken) Adipositas: ein Bottom-up-Vergleich über- vs. normalgewichtiger Erwachsener in der KORA-Studienregion.*

König D. (2017). *Bewegung, Übergewicht und Adiposita*s. In: Banzer W. (eds) Körperliche Aktivität und Gesundheit. Springer, Berlin, Heidelberg

Schweiger, U. (2015). *Ist Beratung eine sinnvolle Intervention bei Übergewicht und Adipositas?* InFo Neurologie & Psychatrie. Klinik für Psychatrie und Psychotherapie, Universitätsklinikum Schleswigholstein, Lübeck, Deutschland. Zugriff am 23.04.2019. Verfügbar unter: https://link.springer.com/article/10.1007/s15005-015-1226-y

Sonntag, D.; Schneider, S. (2015). *Gesundheitsökonomische Folgen der Adipositas.* In Herpertz, S. and De Zwaan, M. and Zipfel, S., Editor, Seite 379-387. Herausgeber: Springer, Berlin Heidelberg 2015

6   Abbildungs- und Tabellenerzeichnis

6.1 Abbildungsverzeichnis

6.2 Tabellenverzeichnis

Anhang 1: Freibuger Fragebogen zur körperlichen Aktivität (Frey, l. et al., 1999; leicht modifizierte Kurzform entnommen aus: Wagner, K., 2011, S. 141-142):

9.7 Freiburger Fragebogen zur körperlichen Aktivität

Fragen zur körperlichen Aktivität

Bitte beantworten Sie die folgenden Fragen zur körperlichen Aktivität für den Zeitraum vor Beginn Ihrer Rehabilitation.

	ja	nein
1. Sind Sie berufstätig (auch Hausfrau) oder in Ausbildung?.........	☐₁	☐₂

Wenn ja, **welche Tätigkeiten** beinhaltet Ihr Beruf/ Ihre Ausbildung hauptsächlich?

sitzende Tätigkeiten (z.B. Büro, Student...)	mäßige Bewegung (z.B. Handwerker, Hausmeister, Hausfrau...)	intensive Bewegung (z.B. Postzusteller, Wald- und Bauarbeiter...)
☐₁	☐₂	☐₃

2. Waren Sie in der <u>Woche vor Beginn Ihrer Reha</u> zu Fuß unterwegs,

	ja	nein
a) ...z.B. auf dem Weg zur Arbeit oder zum Einkaufen?...............	☐₁	☐₂

Wenn ja, wie lange sind Sie dabei gegangen? insgesamt_____Minuten

	ja	nein
b) ...zum Spazierengehen?...	☐₁	☐₂

Wenn ja, wie lange waren Sie in der Woche
vor Beginn Ihrer Reha spazieren?   insgesamt_____Minuten

3. Sind Sie in der <u>Woche vor Beginn Ihrer Reha</u> Fahrrad gefahren,

	ja	nein
a) ...zur Arbeit oder zum Einkaufen usw.?...............................	☐₁	☐₂

Wenn ja, wie lange sind Sie dabei geradelt?   insgesamt_____Minuten

	ja	nein
b) ...auf dem Heimtrainer bzw. auf Radtouren?............................	☐₁	☐₂

Wenn ja, wie lange sind Sie dabei geradelt?   insgesamt_____Minuten

	ja	nein
4. Haben Sie einen Garten?...	☐₁	☐₂

Wenn ja, wie viele Stunden haben Sie in der Woche vor
Beginn Ihrer Reha dort verbracht?   _____Stunden pro Woche

Davon waren _____Stunden Gartenarbeit

und _____Stunden Ruhe und Erholung

5. Steigen Sie im Alltag regelmäßig Treppen?................................

ja □₁ nein □₂

Wenn ja: _____Stockwerke, _____mal am Tag

6. Sind Sie im letzten Monat vor Beginn Ihrer Reha
geschwommen?..

ja □₁ nein □₂

Wenn ja: ca. _____Stunden im Monat (reine Schwimmzeit)

7. Haben Sie im letzten Monat vor Beginn Ihrer Reha Sport
betrieben?..
(z. B. Jogging, Fußball, Handball, Federball, Squash, Gymnastik,
Tennis,...)

ja □₁ nein □₂

Wenn ja, welchen Sport?

Beispiel:
1. _Dauerlauf_ ca. _30_ Minuten pro Woche
2. _Federball_ ca. _2_ Minuten pro Woche

1. _____ ca. _____Minuten pro Woche
2. _____ ca. _____Minuten pro Woche
3. _____ ca. _____Minuten pro Woche
4. _____ ca. _____Minuten pro Woche

8. Gehen Sie zu Tanzveranstaltungen?.................................

ja □₁ nein □₂

Wenn ja: _____mal/ Monat, je:_____Stunden

9. Gehen Sie kegeln?...

ja □₁ nein □₂

Wenn ja: _____mal/ Monat, je:_____Stunden